BEI GRIN MACHT SICH IHR WISSEN BEZAHLT

AF140765

- Wir veröffentlichen Ihre Hausarbeit,
  Bachelor- und Masterarbeit

- Ihr eigenes eBook und Buch -
  weltweit in allen wichtigen Shops

- Verdienen Sie an jedem Verkauf

Jetzt bei www.GRIN.com hochladen und kostenlos publizieren

Bibliografische Information der Deutschen Nationalbibliothek:

Die Deutsche Bibliothek verzeichnet diese Publikation in der Deutschen National-
bibliografie; detaillierte bibliografische Daten sind im Internet über http://dnb.d-
nb.de/ abrufbar.

Impressum:

Copyright © 2018 GRIN Verlag
Druck und Bindung: Books on Demand GmbH, Norderstedt Germany
ISBN: 9783668987005

Dieses Buch bei GRIN:

https://www.grin.com/document/493770

Anonym

Yakuza. Ist die Japanische Regierung chancenlos?

GRIN Verlag

Seminararbeit

im Fach Politische Bildung

Thema der Arbeit:

Yakuza - Japanische Regierung chancenlos gegen die Yakuza?

Inhaltsverzeichnis

1. Einleitung

Im Rahmen meiner Seminararbeit im Fach Politische Bildung werde ich die Probleme durch die Yakuza und wie die japanische Regierung diesen entgegenwirkt, darstellen. Ich habe mich für dieses Thema entschieden, da ich darüber einige interessante Dokumentationen, wie „Gallileo[1]" und „Uncovered[2]", gesehen und infolgedessen einige Artikel über diese Gruppierung gelesen habe. Diese haben mich dazu angeregt, mich genauer mit diesem Thema auseinanderzusetzen. Auch viele Filme und Serien beziehen sich auf die Yakuza beziehungsweise auf die japanische Mafia, wie zum Beispiel „Detective Conan" oder „Navy CIS". Japan ist ein wirtschaftlich starkes Land (höheres BIP als Deutschland[3]), besitzt jedoch eine andere Regierungsform als Deutschland, eine parlamentarische Monarchie, wodurch die Regierung auch andere Maßnahmen gegen die Yakuza umsetzen kann. Hinzu kommt, dass wir uns im Fach Politische Bildung und Geschichte mit Regierungsformen sowie deren Vor- und Nachteile beschäftigt haben und weiterhin beschäftigen werden. Aus der vorliegenden Arbeit lassen sich Schlüsse zu anderen Systemen ziehen und diese miteinander vergleichen.

Ich werde in meiner Seminararbeit herausarbeiten, ob und wie sich die japanische Regierung gegenüber der Yakuza behaupten beziehungsweise wehren kann und abschließend im Fazit versuchen, diese Frage zu beantworten. Bei den Themengebieten beziehe ich mich überwiegend auf die Politik und Wirtschaft, um den Einfluss dieser Gruppierungen zu verdeutlichen und das Thema einzugrenzen. Als Erstes erfolgt hierzu eine allgemeine Beschreibung der Yakuza bezogen auf ihren strukturellen Aufbau, auf ihre Gründung und ihre Verbreitung. Bei den Einflussbereichen der Yakuza konzentriere ich mich, wie oben genannt, auf Politik und Wirtschaft. Ich werde versuchen aufzuzeigen, wie die Gruppierung mit verschiedenen Mitteln aus dem Verborgenen die Fäden zieht und anschließend die Handlungsschritte der Regierung Japans gegen das organisierte Verbrechen untersuchen. Dabei gehe ich auf bestimmte Möglichkeiten der Regierung ein und erkläre in diesem Zusammenhang die Vorteile und den Aufbau der vorherrschenden Regierungsform sowie die damit verbundenen Möglichkeiten, Gesetze (Boryokudan-, Drogen-, Waffengesetze, Tattooverbot) durchsetzen zu können. Im Fazit findet ein Vergleich zwischen der Regierung und den Yakuza statt und eine Bewertung ihres jeweiligen Vorgehens. Die abschließende Beantwortung meiner Problemfrage wird klären, ob eine mögliche Chancenlosigkeit der Regierung bestätigt oder zurückgenommen werden muss.

---

1 Vgl. Galileo, 2016
2 Vgl. Galileo, 14.08.2017
3 Vgl. Laenderdaten.info

Da die Yakuza ein sehr spezielles Thema ist, war es eher schwierig, passende Bücher und Zeitungsmeldungen zu finden, deshalb erfolgte meine Recherche überwiegend auf der Basis von Internetquellen. Gleichwohl tauchen die Yakuza immer wieder in aktuellen Nachrichten auf, so dass ich auch einen Bezug zu heutigen Geschehnissen herstellen konnte. Bei meinen Recherchen über die Yakuza fanden sich meist unterschiedliche Angaben z. Bsp. bezüglich der Anzahl ihrer Mitglieder, auch existieren einige Statistiken aber meist in Japanischer Sprache, was die Informationsfindung deutlich einschränkte. Durch die Funktion von Google Scholar, wo nur überprüfte Websites angezeigt werden und über Google Books, mit kleinen Ausschnitten aus Büchern, war es möglich, maßgeblich auf seriöses Informationsmaterial zurückgreifen zu können.

.

2. Die Yakuza

2.1. Bedeutung

Der Name Yakuza bezeichnet die japanische Mafia und ist zurückzuführen auf das japanische Kartenspiel „Hanafuda", welches vergleichbar mit „Blackjack" ist. Der Begriff Yakuza setzt sich zusammen aus den Silben Ya, Ku und Za, welche Acht, Neun und Drei bedeuten. Die übertragene Bedeutung bezeichnet die Mitglieder der Yakuza als „Ausgestoßene" und damit nicht zum System gehörende. In Japan wird die Organisation aber offiziell als „Boryoku-dan" bezeichnet, da sich der Begriff „Yakuza" nur auf das einzelne Mitglied beziehen würde. Boryoku-dan bedeutet wortwörtlich „gewalttätige Banden" und umfasst damit jede Gruppierung, die zur kollektiven Begehung gewaltsamer, illegaler Akte bereit ist oder ständig ihre organisatorische beziehungsweise gemeinsame Macht dazu benutzt.

2.2. Gründung und struktureller Aufbau

2.2.1 Gründung

Die Yakuza war ursprünglich in drei Arten aufgeteilt, die Bakuto (Glückspiel), die Tekiya (Drogen, Schwarzmarkt und Schutzgeld) und Gurentai („Straßen-Rowdies", Prostitution, Waffenhandel, Drogenhandel, Schutzgeld). Diese unterteilen sich in weitere Variationen, wie zum Beispiel auf die Chinpira (eine Nachwuchsorganisation für andere Gruppierungen). Die Bakuto und die Tekiya bildeten sich aus Geächteten, „die aus dem untergehenden Feudalsystem in der späten Tokugawa-Ära (1603-1867) herausfielen"(Harnischmacher). Die Gurentai entstanden zeitgleich jedoch mit dem Unterschied, dass sie sich nicht an die

Tugenden und Traditionen der Yakuza binden. Da die Yakuza oft als die modernen Samurai bezeichnet wurden und die Gurentai sich nicht diesem Verhalten angeschlossen hatten, fallen diese aus diesem Raster. [4]

2.2.2. Struktureller Aufbau

Die Yakuza-Gruppen sind wie Lehnspyramiden aufgebaut. Dem Boss unterstehen viele Unterbosse, welchen wiederum Unterbosse oder ausführende Leute unterstehen. Der Boss schützt und hilft seinen Untergebenden. Im Gegenzug.

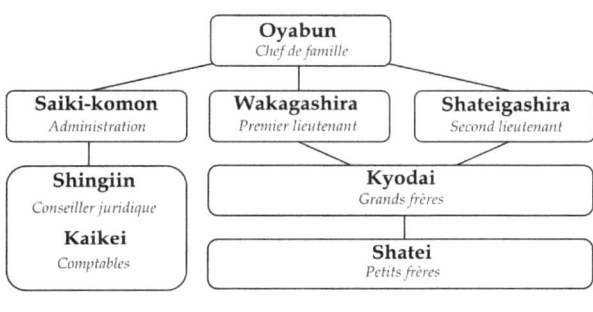

Abbildung 1

verlangt der Boss Gehorsam und Loyalität, auch beschrieben als Oyabun and Kobun. Übersetzt bedeutet dies Vater-Sohn-Loyalität. Die Unterbosse unterteilen sich zudem in zwei verschiedene Sektoren (siehe obenstehende Abb.1), in die Verwaltung „Saiki-komon" und in die ausführenden Kräfte „Wakagashira" (übersetzt erster Leutnant) und „Shateigashira" (übersetzt zweiter Leutnant). Der obersten Verwaltung wiederum unterstehen die neuen Mitglieder des Gerichtes (Shingiin) und die Buchhaltung (Kaikei). Der obersten ausführenden Kraft unterstehen die großen Brüder (Kyodai) und kleineren Brüder (Shatei). Neue Mitglieder schwören als Aufnahmeritual dem Boss lebenslange Loyalität und Treue und verpflichten sich damit, dass sie sich an die Tugenden der Yakuza halten werden. Mitglieder die sich gegen den Ehrenkodex der Yakuza verhalten (beispielsweise gegen Befehle agieren, Schulden nicht zurückzahlen) müssen sich als Zeichen ihrer Entschuldigung der „Yubitsume" unterziehen.[5] Dies ist eine alte Praktik, bei der sich der Schuldige mit einem Messer die Fingerkuppe abtrennen und sie in einem weißen Tuch verpackt seinem Oyabun überreichen muss. Dieser kann daraufhin die Fingerkuppe annehmen, um den Ungehorsam als vergessen anzusehen.[6]

---

[4] Vgl. Robert F. J. Harnischmacher, Dezember 2012
[5] Vgl. Sebastian G, 10.06.2016
[6] Vgl. Kristinn Árnason,Mai 2014, 17

2.3. Verbreitung

Die Yakuza-Mafia, welche heute aus circa. 16.800 Mitgliedern besteht (2016 erstmals unter 20.000 Kernmitglieder)[7], spaltet sich in viele große Gruppen auf, die jeweils ihren eigenen Einzugsbereich besitzen.

In Japan existieren rund 20 Yakuza-Verbrechersyndikate. Die beiden größten dieser Organisationen sind die Yamaguchi-Gumi und die Matsuda-Gumi, die ihre Einzugsbereiche in Kobe und Osaka haben. Viele andere Syndikate befinden sich in Tokio, wie zum Beispiel die Sumiyoshia-Rengo oder die Inagawa-Kai. Zudem hat sich die Yakuza neben Japan in der ganzen Welt ausgebreitet, auf den Philippinen, in Peru, Tsimshian, Hawaii und sogar in Deutschland, beispielsweise in Düsseldorf.

2.4. Kriminalität in Japan

„Der Begriff der Kriminalität (von lat. crimen: „Beschuldigung, Anklage, Schuld, Verbrechen) orientiert sich im Wesentlichen an der juristischen Definition der Straftat. Während sich eine Straftat oder der materielle Verbrechensbegriff jedoch eher an dem individuellen Verhalten misst, werden mit „Kriminalität" Straftaten als Gesamtphänomen (Makrophänomen) bezeichnet."[8] Unter diesen Aspekt fallen Straftaten wie Drogenmissbrauch, Menschenhandel, Mordfälle und Vergewaltigungen. Im internationalen Vergleich schnitt Japan 2008 mit dem 5. Platz(2018 auf dem 9. Platz[9]) der friedlichsten Länder sehr gut ab (Deutschland auf Platz 14). Doch viele der Japaner erleben ihre Realität anders. Laut Statistik fühlen sich 2014 fast 40% der Befragten unsicher.[10] Dies sei darauf zurückzuführen, dass die Verbrechen in der Anzahl nicht hoch seien, im Ausmaß aber deutlich größer wären und die Bevölkerung leicht durch die Krimiszene und die Nachrichten manipuliert würde. Dagegen spricht, dass die Verbrechenszahlen von Morden und Diebstahl weiterhin sinken würden. Im Jahr 2016 starben sechs Personen durch Schusswaffen. Im Vergleich dazu hatten die USA im Jahr 2016 über 30.000 Tote durch Schusswaffen. Hinzuzufügen sei, dass die Zahl der begangenen Straftaten (ohne Verkehrsdelikte)[11] von 2,9 Millionen 2002 auf 1,1 Millionen im Jahr 2016 gesunken wäre. Außerdem würde die Aufklärungsrate von Verbrechen bei 97,7% liegen. Im Vergleich dazu hat Amerika eine 68,8% und Deutschland eine 96,1% Aufklärungsquote.[12] Parallel hierzu steigt die Zahl der Polizisten in Japan stetig an, im Jahr 2015 stieg diese um 15.000 auf 259.000 Polizisten. Für diese bestehen über 50.000

---

[7] Vgl. Martin, 13.04.2018
[8] Lexas
[9] Vgl. Statista, 2018
[10] Vgl. Sebastian Polak-Rott, 2017, 63
[11] Vgl. Keiichi Yamanaka, 2012, 396
[12] Vgl. Carsten Germis, 20.01.2014

Polizeiwachen (Koban), welche durchgängig (auf dem Land leben die Polizisten in ihren Häuschen und in der Stadt arbeiten die Polizisten im Dreischichtsystem) besetzt sind.[13]

3. Einfluss der Yakuza

Die Yakuza „ist da, wo der Staat „Lücken" zulässt und nicht gesetzlich schließt."[14] Außerdem nimmt sie Einfluss auf viele Bereiche wie Politik und Wirtschaft, aber auch auf Wissenschaft und Gesellschaft. Damit haben die Syndikate schon damals „Japans Nachkriegsgeschichte entscheidend mitbestimmt."

3.1. Politik

Die Yakuza besitzt enge Kontakte zur „Politik und Polizei und agiert im Gegensatz zu vielen anderen Verbrecherorganisationen, welche sich eher in der „Unterwelt" aufhalten, größtenteils öffentlich". Sie besitzen zum Beispiel öffentliche Büros, registrierte Wohnsitze, Visitenkarten und „übernehmen vielerorts lokale Schutzfunktionen."[15] Durch die engen Beziehungen[16] (auch mit der liberaldemokratischen Partei von Shinzo Abe) ist es ihnen möglich, führenden Politkern oder Parteien zu helfen, indem sie Kandidaten finanziell und mit Dienstleistungen unterstützt haben und diese anschließend mit Erpressung kontrollierten. Des Weiteren unterdrückten sie Oppositionsparteien, damit diese nicht an die Macht kamen. Dies führte häufig zu Skandalen, zum Beispiel als sie angeblich der führenden Partei LDP halfen oder dass bei einem Besuch von Barack Obama in Tokio die Polizei alle lokalen Mafia-Bosse kontaktiert habe, um sie zu bitten, sich ruhig zu verhalten, um Probleme zu verhindern. Gleichzeitig versucht die Yakuza auch durch politische Statements ihr „Robin Hood Image"[17] zu bewahren und gegen die sinkenden Mitgliederzahlen zu reagieren, indem sie nach Naturkatastrophen den Betroffenen halfen und dies veröffentlichten. Beispielsweise beim Erdbeben in Kobe im Jahr 1995[18] (Großstadt in Japan auf der Hauptinsel Honshu) und nach dem Tsunami im Jahr 2011, welcher die Pazifikküste Japans betraf, halfen sie bei Aufräumarbeiten und unterstützten die Betroffenen mit Gütern.

---

[13] Vgl. Kathrin Erdmann, 30.09.2018
[14] Robert F. J. Harnischmacher, Dezember 2012
[15] Vgl. Der Spiegel
[16] Vgl. Velisarios Kattoulas, 06.04.2001
[17] Vgl. Carsten Germis, 10.07.2013
[18] Vgl. Antonia Fumagalli, 26.03.2011

3.2. Wirtschaft

Die Wirtschaft umfasst die Gesamtheit aller Einrichtungen und Maßnahmen, die sich auf Produktion und Konsum von Wirtschaftsgütern beziehen.

Auch auf diesem Gebiet hat die Yakuza einen großen Einfluss. Sie beeinflusst beispielsweise weltweit japanische Konzerne bei ihren Entscheidungsfindungen und wirken in Banken- (verleihen mehr Geld an Privatpersonen als alle japanischen Banken zusammen mit hohen Jahreszinsen[19]), Aktien- (legale Einnahmequelle als Reaktion auf einschränkende Gesetze gegen die Yakuza[20][21]) und Immobiliengeschäften (etwa die Hälfte des Immobilienmarktes) mit. Außerdem setzt sich die Yakuza für Kapitalismus und Kaisertum ein und für die Erhaltung der japanischen Marktwirtschaft und ihrer Tradition. Hinzu kommt, dass sie sich ein Monopol in Bereichen wie Drogenhandel (größte Einnahmequelle; ungefähr die Hälfte aller Einnahmen), Mädchenhandel, Waffenhandel, Schutzgelderpressung (von Restaurants, Nachclubs, Bars), Prostitution (meist in Bunraku-Salons - diese sind eine spezielle Art eines Bordells) und Glücksspiel (etwa ein Viertel aller Einnahmen[22]) aufgebaut haben.[23][24] Dieser Monopol-Einfluss scheint jedoch nicht immer zum Nachteil der Regierung zu sein, da dadurch auch eine gewisse Ruhe in einige Viertel Japans gebracht werden konnte. Außerdem beherrschen sie „auch die Unterhaltungsindustrie inklusive dem Fernsehen und sogar dem Profisport mit dem dazugehörigen Wettgeschäft"[23]. Zudem hat die Yakuza gute Kontakte zu großen Konzernen, worüber sie Geld waschen und handeln kann.[25] Damit soll die Yakuza rund 80 Milliarden Dollar pro Jahr umsetzen.[26] Doch seit mehreren Jahrzehnten befindet sich die Gruppierung in einer Wirtschaftskrise, in der ihre Einnahmen eingebrochen sind. Dies sei nach Christoph Neidhart auf die noch nicht ausgeglichene Wirtschaftskrise[27] Japans im Jahre 1990 zurückzuführen (bei der im Jahre 1995 der BIP-Deflator von 2.605 auf -0,533 sank[28]), denn die Yakuza und die japanische Wirtschaft würden meist „auf etwa parallelen Kurven"[29] verlaufen. Überdies arbeitet die Regierung seit einigen Jahren gegen die Yakuza und versucht ihnen durch Gesetze ihre Einnahmequellen zusätzlich zu verringern.

---

[19] Vgl. Christoph Neidhart, 17.05.2010
[20] Vgl. Helmut Becker, 11.11.1992
[21] Vgl. Christoph Neidhart, 09.05.2014
[22] Vgl. Hanz Kirschmann, 22.11.2012
[23] Vgl. Wolfgang Herbert, 08.11.2016 ,268
[24]Vgl. Maffiaboss
[23] Maffiaboss
[25] Vgl. Thorsten Glersch, 2018
[26] Vgl. Arvid Kaiser, 17.09.2014
[27] Vgl. Finanzen100, 21.09.2016
[28] Vgl. World Bank, 2017
[29] Vgl. Christoph Neidhart, 20.01.2014

4. Regierung Japans

4.1. Aufbau

Japan verfügt seit dem 3. Mai 1947 über ein parlamentarisches Regierungssystem (zentralstaatlich organisierte parlamentarische Monarchie) ähnlich dem in Großbritannien oder in Kanada. In Japan wird kein Präsident direkt gewählt wie in den Vereinigten Staaten oder Frankreich. Die Abgeordneten des Parlaments wählen den Ministerpräsidenten (Premierminister) aus ihren Reihen. Das Parlament (Legislative) steht an oberster Stelle und kann als einzige Institution Gesetze verabschieden. Es besteht aus zwei Abteilungen (Zweikammerparlament), dem Oberhaus (Sangiin mit 475 Abgeordnete) und dem Unterhaus (Shugiin mit 242 Abgeordnete) und wird durch alle wahlberechtigten Bürger (alle japanischen Bürger über 18 Jahre) gewählt. Für das Parlament verantwortlich ist das Kabinett (Exekutive), welches vom Ministerpräsidenten gebildet und geleitet wird. Zudem ernennt und entlässt der Ministerpräsident auch die Minister im Kabinett. „Die Rechtsprechung (Judikative) obliegt dem Obersten Gerichtshof "(Präsident und vierzehn Richter, welche vom Kabinett ernannt werden) und den nachfolgenden Gerichten, acht höhere Gerichte (koto), 50 Bezirksgerichte (chiho), 400 Schnellgerichte (kani-saibansho) und 50 Familiengerichte(katei-sanbansho). Repräsentiert werden dieses politische System und die Einheit des japanischen Volkes durch den Tenno (japanischen Kaiser), welcher in Staatsangelegenheiten auf das Kabinett angewiesen ist und keine politische Macht besitzt. Durch den Einfluss der USA und ihrem Rechtsempfinden ist die japanische Verfassung auch als „Friedensverfassung" bekannt. Daraus resultieren auch das Frauenwahlrecht und der geringe Einfluss von Gewerkschaften. Japans Regierung verfügt ferner über ein pluralistisches Mehrparteiensystem (vergleichbar mit Deutschland). Diese Parteien können vom wahlberechtigten Volk gewählt werden und besetzen damit das Parlament (Unterhaus). Aktuell regiert die LDP (Liberaldemokratische Partei), welche vom amtierenden Premierminister Shinzo Abe geführt wird. Die Polizei ist unabhängig von der Regierung und wird durch eine unabhängige Justiz (Nationale Polizeibehörde) kontrolliert.[30]

4.2. Politische Handlungsschritte

Japan versucht die Yakuza größtenteils durch Gesetze einzuschränken. Zum Beispiel sind die Yakuza und auch allgemein Kriminelle für ihre vielen bunten und eindrucksvollen Tattoos bekannt. Seit 1872 besteht daher ein Verbot für die Badehäuser, dass tätowierte Personen (für Ausländer mit kleinen Tattoos ist es weiterhin erlaubt) das Badehaus nicht

---

[30] Vgl. Web Japan, 13.04.2017

betreten dürfen.[31] Darüber hinaus gibt es seit 1958 auch ein sehr strenges Waffenschutzgesetz (Gesetz zur Kontrolle des Besitzes von Feuerwaffen und Schwertern = *Jūhō tōken ruishojitōtori shimari hō*)[32], welches auf die Regelung von 1683 zurückzuführen ist, wo Menschen, die ihre Waffe abgaben, belohnt wurden. Dieses Waffenschutzgesetz besagt, dass nur eine gewisse Anzahl an Waffenläden je Bezirk erlaubt sind, wobei in den meisten der 40 Bezirke nicht mehr als drei Waffenläden erlaubt sind. Man benötigt einen Tageskurs mit Schießtest (95% Trefferquote) und einen psychologischen Gesundheits- und Drogentest, um eine Waffe zu erwerben. Dazu kommt, dass das Vorstrafenregister, eventuelle Verbindungen zu extremistischen Gruppen und Familienangehörige und Arbeitskollegen überprüft werden. Die japanische Polizei ist befugt, die Waffenlizenz (Gültigkeit für drei Jahre) zu versagen und auch nach Waffen zu suchen und diese zu konfiszieren. Insbesondere sind hierbei nur Flinten und Luftgewehre erlaubt, während Handfeuerwaffen verboten sind. Der Aufbewahrungsort der Waffe und der Munition muss ebenfalls der Polizei mitgeteilt werden. Die Polizei kontrolliert einmal jährlich diese Waffen und es werden auch Razzien gegen illegalen Waffenbesitz durchgeführt. Infolgedessen gibt es in Japan nur eine sehr geringe Zahl an Waffenbesitzern.[33] 2007 waren es 0,6 registrierte Waffen auf 100 Personen(siehe Abb. 2).[34] Weitere Gesetze sind die Boryokudan-Gesetze, welche im März 1992 in Kraft traten und ermöglichen, die Yakuza-Bosse zu belangen, die nun für ihre Mitglieder haften müssen.[35] Dieses Gesetz hatte angeblich sogar zur Folge, dass die neuen Mitglieder der größten Yakuza-Gruppierung, die Yamaguchi-gumi, einen Eignungstest bestehen müssten, um beizutreten[36]. Seit dem Jahr 2011 wird allgemein die Zusammenarbeit mit der Yakuza verboten. Außerdem versucht die japanische Regierung die Einnahmequellen der Yakuza einzuschränken[37] und hat hierzu die Banken gebeten, der Yakuza die Eröffnungen von Bankkonten und das Abschließen von Immobilienverträgen zu verbieten. Da zu früheren Zeiten (besonders nach dem Platzen der Immobilienblase 1989 - später wieder Einbruch) die Yakuza einen hohen Verdienst durch Geschäfte mit lokalen Politikern und Bauunternehmen hatten, wurde eine Zusatzklausel für Bauunternehmen eingeführt, wodurch Firmen mit Kontakt zur Yakuza von Bauvorhaben ausgeschlossen werden können.[38] In Folge dessen entstanden über 100 Anti–Mafia–Komitees[39], welche mit Hilfe der Regierung die Yakuza bei Bauvorhaben komplett vom Vorhaben und Gewinn ausschließen können (früher bedrohten oder bestochen die Yakuza die Firmen, um Aufträge

[31] Vgl. Jan Knüsel, 01.10.2017
[32] Vgl. Hannah Janz, 16.09.2016
[33] Vgl. Wild beim Wild, 05.10.2017
[34] Vgl. Martin Kölling, 11.10.2017
[35] Vgl. Wolfgang Herbert, 2015
[36] Vgl. Tabibito, 12.09.2009
[37] Vgl. Jan Knüsel, 26.02.2016
[38] Vgl. Martin Fritz, 13.12.2010
[39] Vgl. Martin Fritz, 07.12.2010

zu erhalten). In Japan bestehen seit 1948 sehr harte Drogengesetze (anfangs nur gegen Cannabis und später gegen fast jede Drogen aufgrund von unzureichender Aufklärung) die ursprünglich nicht aufgrund der Kriminalität, sondern aufgrund der Unwissenheit der Menschen über die schlimmen Folgen erlassen wurden. Dabei wird bis heute nicht zwischen "harten" und "weichen" Drogen unterschieden (abgesehen von Alkohol, Nikotin und Koffein[40]). In diesem Punkt ist die japanische Polizei sehr konsequent. Beispielsweise durfte Paris Hilton aufgrund des Geständnisses über ihren illegalen Drogenbesitz nicht einreisen.[41] Dazu kommen die verschärften Kontrollen (bestimmte Zollauflagen und Verbote) an Flughäfen, womit die Regierung den Drogen- und Waffenschmuggel einschränken möchte. Unterstützt wird dieses Vorgehen der Regierung durch die schnelle Verabschiedung von Gesetzen infolge des praktischen Aufbaus (regierende Partei stellt auch Ministerpräsident (siehe 4.1. Aufbau) der Legislative. Aufgrund der großen und wachsenden Polizeiverfügbarkeit (siehe 2.4. Kriminalität) kann in Japan dessen öffentliche Präsenz genutzt werden, um Verbrechen vorzubeugen.

5. Fazit

Um die Chancenlosigkeit der Regierung gegen die Yakuza zu bestätigen beziehungsweise zu entkräften, müssen beide Seiten zunächst betrachtet und verglichen werden. Auf der einen Seite befindet sich die Yakuza überwiegend im Untergrund und zieht von dort ihre Fäden. Sie agiert in vielen Bereichen wie Politik und Wirtschaft. Damit sollen sie jedes Jahr rund 80 Milliarden Dollar erwirtschaften, wobei ihre größte Einnahmequelle der Drogenhandel sei. Allgemein führten sie den Schwarzmarkt in Japan an und handle mit Delikatessen (zum Beispiel Seegurken[42]), Drogen und Waffen, sind beteiligt im Menschenhandel, Prostitutionsgeschäft und Glückspiel. Dazu hätten sie einen großen Einfluss in der Unterhaltungsindustrie, beim Fernsehen, im Profisport, im Banken- und Immobiliengeschäft. Sie kassieren Schutzgeld und sind in das Aktiengeschäft eingestiegen. Die Yakuza würden enge Kontakte zu großen Konzernen und zur Regierung pflegen, wodurch sie Geld waschen und durch Bestechung von Politikern Einfluss erhalten würden. Damit besitze die Gruppierung einen großen Einflussbereich im Handel und in politische Maßnahmen.

Auf der anderen Seite steht die japanische Regierung mit der Unterstützung durch die Polizei. Diese versuchen mit ihren Mitteln (überwiegend durch Gesetze) die Yakuza einzuschränken und ihre Einnahmequellen zu minimieren. Gleichwohl wurde an sich die Mitgliedschaft bei der Yakuza nicht verboten, auch wurde die Gruppierung lange Zeit von

---

[40]. Vgl. Erik, 29.9.2010
[41]. Vgl. Auf der Suche, 04.01.2018
[42] Vgl. Danielle Demeriou, 02.07.2018

11

der Regierung akzeptiert, da sie auch für Ordnung sorgte und Profit für Banken und Firmen einbrachte. Seit vielen Jahren arbeitet jedoch die Regierung gegen die Yakuza. Seit 1958 minimiert ein strenges Waffenschutzgesetz die Kriminalitätsrate und Bandenkriege. Den Behörden wird es dadurch erleichtert, viele Razzien und Kontrollen durchzuführen, wodurch die Anzahl der Waffenbesitzer deutlich gesunken ist. 1992 traten dann die Boryokudan-Gesetze in Kraft, welche als die ersten Gesetze sich direkt gegen die Yakuza richteten. Dadurch konnten die Yakuza-Bosse auch für die Taten ihrer Mitglieder belangt werden. Ab 2011 wurde dann die komplette Zusammenarbeit mit der Yakuza verboten. Es wurde eine Klausel für Bauunternehmen eingeführt, welche die Zusammenarbeit zu Firmen mit Kontakt zur Yakuza unterbindet. Den Mitgliedern der Yakuza wurde verboten, Bankkonten zu eröffnen und Immobilienverträge abzuschließen. Aufgrund der Insellage und durch die damit verbundene eingeschränkte Erreichbarkeit nur mit Schiff oder Flugzeug, konnten die japanischen Behörden mit ihren verschärften Kontrollen an Flughäfen[43] den Waffen- und Drogenschmuggel einschränken. Diese Gesetze konnten schnell umgesetzt werden aufgrund des praktischen Aufbaus der Regierung, hier der Legislative. Gesetze, die wie 1872 ein komplettes Tattoo-Verbot erlassen und im Jahre 1948 das erste Drogenverbot gegen Cannabis durchgesetzt haben, erschwerten es den Yakuza zum Teil. Mitunter waren diese Gesetze aber auch ein Vorteil für die Yakuza, da sie dadurch ihre Verkäufe mehr über den Schwarzmarkt und über das Darknet leiten konnten. Da die Yakuza auch enge Beziehungen zur Politik pflegen, besonders auch zur Liberaldemokratischen Partei (aktuell an der Regierung), können oftmals viele Gesetze gegen sie nicht vollständig umgesetzt werden.

Andererseits arbeitet auch unabhängig von der Regierung zum Beispiel das große und weiter steigende Polizeiaufgebot in Japan gegen die Yakuza, da hierdurch mehr Polizisten eingesetzt werden können. Da die bloße Mitgliedschaft bei der Yakuza jedoch nicht strafbar ist, dürfen die Polizisten erst bei einem Tatverdacht oder bei einer Straftat der Yakuza eingreifen. Bisweilen werden die japanischen Polizisten aber auch als Omawari-san bezeichnet, was übersetzt „Herr Herumlaufend" bedeutet. Diese Bezeichnung kommt daher, dass die Polizei meist größeren Wert auf öffentliche Präsenz legt („kümmern sich wie Sozialarbeiter um junge Straftäter[44]", beantworten Fragen von Touristen oder Einheimischen, nehmen Diebstähle auf).[45] Da in der Folge in Japan trotz der großen Polizeipräsenz sich viele Menschen unsicher fühlen, gründeten viele Bürger Selbsthilfegruppen. Diese patrouillieren in der Nacht in gewissen Stadtvierteln und erschweren es damit den Kriminellen, Verbrechen zu begehen. Außerdem konkurrieren die Yakuza auch mit anderen Gruppen, wie den Triaden aus China, welche versuchen, sich

---

[43] Vgl. ANA
[44] Kathrin Erdmann, 30.09.2018
[45] Vgl. JM, 25.05.2017

gewaltsam Einfluss zu verschaffen[46]. Seit drei Jahren hat die größte Yakuza-Gruppierung, die Yamaguchi-gumi auch Probleme in ihrer Gruppenpolitik. 2015 spaltete sich von der Yamaguchi-gumi ein Teil ab, welcher sich in Kobe[47] niederließ und sich seither diese beiden Gruppierungen (300 Schießereien und 25 Tote bei ähnlicher Aufteilung in den 1980er Jahren) bekämpfen.[48] Durch die vielen Gesetze und die neue Konkurrenz durch andere Gangs und die Aufspaltung der Yamaguchi-gumi verliert die Yakuza jährlich deutlich an Mitgliedern und Verständnis in der Bevölkerung. Deshalb behauptet beispielsweise auch Atsushi Mizoguchi (Experte für organisierte Kriminalität und früher selbst Yakuza), dass nach der erfolgten Abspaltung die japanische Mafia „ihrem Ende entgegen"[49] geht.

Zusammenfassend kann man sagen, dass die japanische Regierung nicht chancenlos sondern im Gegenteil der Yakuza überlegen ist. Meiner Meinung nach, wird sich die Yakuza nicht komplett auflösen, so lange sie weiterhin Gewinnzuwächse und politischen Einfluss nehmen können und in diesem Zusammenhang wird es auch weiterhin Kriminalität geben. Doch zeichnet sich ab, dass sich diese Gruppierung zunehmend verkleinern und damit ihr Einfluss in die japanische Politik und Wirtschaft verringern wird.

Bei meinen Recherchen über die Yakuza ist mir aufgefallen, dass man vergleichsweise wenig Material zu diesem Thema findet und meist auch unterschiedliche Informationen (Mitgliederzahlen, Einnahmen) auftauchen. Dies könnte eventuell dadurch zustande kommen, dass die Yakuza diese genauen Zahlen und Informationen bewusst versucht zu verfälschen und damit geheim zu halten. Jedoch besteht hier offensichtlich ein Widerspruch, da Reporter ziemlich offen von den Yakuza aufgenommen werden und diesen auch direkte Fragen stellen und Fotos (soweit keine Gesichter der Mitglieder zu erkennen sind) machen dürfen.[50][51] Da Japan andererseits auch ein besonderes Land, bezogen auf Sitten und Gewohnheiten ist, wäre es auch möglich, dass die japanische Regierung einige Informationen nicht zugänglich machen möchte, um innerpolitische Probleme möglichst nicht an die Öffentlichkeit kommen zu lassen. Dies würde auch die geringe Pressefreiheit[52](auf der Rangliste auf Platz 67 von 180[53]) erklären, da nur wenige und teilweise unzugängliche (meist nur in japanischer Sprache) Statistiken und Buchquellen vorliegen, weshalb die Recherchen zu meiner Arbeit weiterhin erschwert wurden.

---

46 Vgl. Spiegel Online, 03.09.2001
47 Vgl. Sputnik News,16.03.2016
48 Vgl. John Boyd, 29.10.2015
49 Vgl. Welt.de, 29.10.2015
50 Vgl. Mahmood Fazal, 05.09.2017
51 Vgl. Anton Kusters, September 2015
52 Vgl. Jan Knüsel, 28.04.2017
53 Vgl. Reporter ohne Grenzen

6. Anhang

6.1. Quellenverzeichnis

1. ANA: Informationen zu erhöhtem Aufkommen auf internationalen Flughäfen in Japan. Informationen für Glatte Boarding. Unter: https://www.ana.co.jp/de/de/international/departure/airport-info/caution/

2. Árnason, Kristinn: Yakuza: History of the Yakuza. Unter: https://skemman.is/bitstream/1946/18070/1/Kristinn%20%C3%81rnason%20-%20Yakuza.pdf (Stand: Mai 2014)

3. Auf der Suche: Japan und Drogen. Unter: https://www.eve-rave.ch/wordpress/Forum/viewtopic.php?t=54827 (Stand: 04.01.2018)

4. Becker, Helmut: Organisiertes Verbrechen: Die japanische Finanzskandale der jüngsten Zeit enthüllen den gefährlichen Einfluß der Mafia auf Wirtschaft und Politik. Das unheimliche Machtkartell. Unter: https://www.zeit.de/1992/38/das-unheimliche-machtkartell (Stand: 11.11.1992)

5. Boyd, John: Japan´s yakuza crime group split spikes gang fears. Yamaguchi-gumi´s number dropped from about 20,000 at its peak with recent defections further reducing its mafia clout. Unter: https://www.aljazeera.com/indepth/features/2015/10/japan-yakuza-crime-group-split-spikes-gang-war-fears-151029070328678.html (Stand: 29.10.2015)

6. Demetriou, Danielle: Japan´s yakuza gangs face crackdown as they cash on …. Sea cucumbers. Unter: https://www.telegraph.co.uk/news/2018/07/02/japans-yakuza-gangs-face-crackdown-cash-sea-cucumbers/ (Stand: 02.07.2018)

7. Der Spiegel: Die Ohnmacht der Gewalt. Unter: http://www.spiegel.de/spiegel/print/d-42620915.html

8. Erdmann, Kathrin: Mini-Wachen in Japan. Wo die Polizisten wohnen. Unter: https://www.deutschlandfunk.de/mini-wachen-in-japan-wo-die-polizisten-wohnen.799.de.html?dram:article_id=407068 (Stand: 30.09.2018)

9. Erik: Big in Japan. Drogen in Japan – keine halben Sachen. Unter: http://erik-big-in-japan.blogspot.com/2010/09/der-anlass-fur-diesen-beitrag-war-eine.html (Stand: 29.9.2010)

10. Fazal, Mahmood: Organisiertes Verbrechen. Wir haben Japans berüchtigte Yakuza-Mafia getroffen. Unter: https://www.vice.com/de/article/5998mx/wir-haben-japans-beruechtigte-yakuza-mafia-getroffen (Stand: 05.09.2017)

11. Finanzen100: Größte Blase der Geschichte. Die Finanzkrise war lächerlich verglichen damit, was Japan vor 30 Jahren erlebt hat. Unter: https://www.finanzen100.de/finanznachrichten/wirtschaft/groesste-blase-der-geschichte-die-

finanzkrise-war-laecherlich-verglichen-damit-was-japan-vor-30-jahren-erlebt-hat_H250345393_324940/ (Stand: 21.09.2016)

12. Fritz, Martin: Jahrzehntelang konnte Japans Mafia fast ungehindert schalten und walten – nun formiert sich die Zivilgesellschaft. Den Yakuza geht es an den Kragen. Unter: https://www.wienerzeitung.at/nachrichten/oesterreich/chronik/32287_Den-Yakuza-geht-es-an-den-Kragen.html?em_cnt=32287 (Stand: 13.12.2010)

13. Fritz, Martin: Kampf gegen die Yakuza. Unter: http://www.taz.de/!5130922/ (Stand: 07.12.2010)

14. Fumagalli, Antonio: Japans Mafia profiliert sich in der Katastrophe. Unter: http://www.20min.ch/wissen/news/story/Japans-Mafia-profiliert-sich-in-der-Katastrophe-22412911 (Stand: 26.03.2011)

15. Galileo: Die Gefährliche Unterwelt Japans. Unter: https://www.galileo.tv/video/die-gefaehrliche-unterwelt-japans/ (Stand: 2016)

16. Galileo: Die Yakuza in Japan. Unter: https://www.prosieben.de/tv/uncovered/video/11-die-yakuza-in-japan-clip (Stand:14.08.2017)

17. Germis, Carsten: Eine dicke schwarze Null des Verbrechens. In keinem Land wird so wenig gemordet, geraubt und gestohlen wie in Japan. Und doch fühlen sich viele Japaner unsicher. Warum? Beobachtungen aus Tokio. Unter: http://www.faz.net/aktuell/gesellschaft/kriminalitaet/kriminalitaet-in-japan-eine-dicke-schwarze-null-des-verbrechens-12758346.html (Stand: 20.01.2014)

18. Germis, Carsten: Japanische Mafia. Die Yakuza sucht Nachwuchs. Unter: http://www.faz.net/aktuell/gesellschaft/kriminalitaet/japanische-mafia-die-yakuza-sucht-nachwuchs-12277523.html (Stand: 10.07.2013)

19. Glersch, Thorsten: Das kriminellste Unternehmen der Welt. Der US-Journalist Jake Adelstein. Unter: https://www.wiwo.de/politik/ausland/enthuellungsbuch-ueber-japan-das-kriminellste-unternehmen-der-welt-seite-2/5691784-2.html (Stand: 2018)

20. G, Sebastian: 5 geheime Yakuza-Praktiken, die du vielleicht nicht kanntest. Unter: https://www.japaniac.de/5-geheime-yakuza-praktiken-die-du-vielleicht-nicht-kanntest/ (Stand: 10.06.2016)

21. Harnischmacher, Robert F. J.: Der Januskopf der japanischen Mafia – Yakuza. Nächstenliebe und durchtriebener Geschäftssinn im Visier des kommenden Wiederaufbaus? Unter: https://www.kriminalpolizei.de/ausgaben/2012/dezember/detailansicht-dezember/artikel/der-januskopf-der-japanischen-mafia-yakuza.html (Stand: Dezember 2012)

22. Herbert, Wolfgang: Japans Kultur der Reformen. Anti-Yakuza-Gesetzesreform und Re-Formierung der Unterwelt. Unter: http://drwolf.inaustria.name/lang_at/Essay/2015_Anti-Yakuza-Gesetz.pdf (Stand: 2015)

23. Herbert, Wolfgang: Sezession, Rezession und Transformation: Umbruch in der Welt der Yakuza. Unter: https://www.researchgate.net/publication/309740464_ORU_OEeEaaeAUNi_Sezession_Rezession_und_Transformation_Umbruch_in_der_Welt_der_Yakuza_Secession_Recession_and_Transformation_Shake-up_in_the_Yakuza_World (Stand: 08.11.2016)

24. Janz, Hannah: Sicherheit im Alltag. Japans dunkle Seite: Diebstähle, Drogen. Unter: https://www.japandigest.de/alltag/langfristig-in-japan/sicherheit/japans-dunkle-seite/ (Stand: 16.09.2016)

25. JM: Japans Unausgelastete Polizei. Unter: https://japanmarkt.de/2017/05/25/panorama/japans-unausgelastete-polizei/ (Stand: 25.05.2017)

26. Kaiser, Arvid: Mafia-Ranking. Die fünf größten Mächte der Schattenwirtschaft. Unter: http://www.manager-magazin.de/unternehmen/artikel/die-fuenf-groessten-mafia-banden-a-991893-5.html (Stand: 17.09.2014)

27. Kirschmann, Hans: Im Reich der Yakuza. Die japanische Mafia breitet sich aus. Unter: https://www.zeit.de/1986/51/im-reich-der-yakuza/seite-5 (Stand: 22.11.2012)

28. Knüsel, Jan: Die Tattoo-Krise in Japan. Unter: https://asienspiegel.ch/2017/10/die-tattoo-krise-in-japan (Stand: 01.10.2017)

29. Knüsel, Jan: Japans Unterwelt. Unter: https://asienspiegel.ch/2016/02/japans-unterwelt (26.02.2016)

30. Knüsel, Jan: Japans verlorene Pressefreiheit. Unter: https://asienspiegel.ch/2017/04/japans-verlorene-pressefreiheit (Stand: 28.04.2017)

31. Köling, Martin: Waffengesetz in Japan. Ein entwaffnendes Land. Unter: https://www.handelsblatt.com/politik/international/weltgeschichten/koelling/weltgeschichten-ein-entwaffnendes-land/20441824.html (Stand: 11.10.2017)

32. Kottoulas, Velisarios: Japans Mafia beherrscht die Politik. Nicht mehr allein durch Drogen verdient die Yakuza ihr Geld, sie hat sich in der High-Tech-Industrie eingenistet. Unter: https://www.welt.de/print-welt/article443959/Japans-Mafia-beherrscht-die-Politik.html (06.04.2001)

33. Kusters, Anton: „Yakuza: Inside the Syndicate"- eine kurze Photodoku. Unter: https://www.mindsdelight.de/2015/09/yakuza-inside-the-syndicate-eine-kurze-photodoku/ (Stand: September 2015)

34. Laenderdaten.info: Ländervergleich. Unter: https://www.laenderdaten.info/laendervergleich.php?country1=JPN&country2=DEU

35. Lexas: Kriminalität. Unter: https://www.laenderdaten.de/kriminalitaet/index.aspx

36. Maffiaboss: Yakuza – eine japanische kriminelle Organisation. Yakuza. Unter:

https://www.abipur.de/referate/stat/660515500.html

37. Martin: Yakuza-Mitgliederzahl in Japan auf einem neuem Rekordtief. Unter:

https://sumikai.com/japan/nachrichten-aus-japan/yakuza-mitgliederzahl-in-japan-auf-neuem-rekordtief-218378/ (Stand: 13.04.2018)

38. Neidhart, Christoph: Der König der Kredithaie. Ein japanischer Mafioso verschob 60 Millionen Franken in die Schweiz. Nun fließt die Hälfte zurück nach Asien – doch niemand weiß so richtig, wohin damit. Unter: https://www.sueddeutsche.de/geld/japanische-mafia-der-koenig-der-kredithaie-1.193045 (Stand: 17.05.2010)

39. Neidhart, Christoph: Japanische Yakuza. Mafia in der Krise. Unter:

https://www.sueddeutsche.de/wirtschaft/japanische-yakuza-mafia-in-der-krise-1.1866841 (Stand: 20.01.2014)

40. Neidhart, Christoph: Wir stellen ein: Mafia-Mitglied. Unter:

https://www.sueddeutsche.de/panorama/yakuza-gruppen-in-japan-wir-stellen-ein-mafia-mitglied-1.1932808 (Stand: 09.04.2014)

41. Polak-Rott, Sebastian: „Das sicherste Land der Welt?": Zum Sicherheitsverständnis der privaten Sicherheitsindustrie in Japan. Unter:

http://othes.univie.ac.at/45200/1/47380.pdf (Stand: 2017)

42. Reporter ohne Grenzen: Japan. Unter: https://www.reporter-ohne-grenzen.de/japan/

43. Spiegel Online: Brandkatastrophe. Chinesische Triaden attackieren Yakuza. Unter:

http://www.spiegel.de/panorama/brandkatastrophe-chinesische-triaden-attackieren-yakuza-a-154770.html (Stand: 03.09.2001)

44. Sputnik News: Mafia-Krieg erfasst ganz Japan – Yakuza Gruppierungen kämpfen um Machteinfluss. Unter: https://de.sputniknews.com/panorama/20160316308463237-mafia-yakuza-gruppierungen-japan/ (Stand: 16.03.2016)

45. Statista: Ranking der 20 friedlichsten Länder weltweit nach dem Global Peace Index 2018. Unter: https://de.statista.com/statistik/daten/studie/188562/umfrage/friedlichste-laender-weltweit/ (Stand: 2018)

46. Tabibito: Yakuza-Prüfung. Unter:

https://www.tabibito.de/japan/blog/2009/09/12/yakuza_prauuml_fung/ (Stand: 12.09.2009)

47. Web Japan: Regierung. Unter: https://web-japan.org/kidsweb/explore/german/germany/de_government.html (Stand: 13.04.2017)

48. Welt.de: Yakuza. Die japanische Mafia hat die beste Zeit hinter sich. Unter:

https://www.welt.de/vermischtes/article148188414/Die-japanische-Mafia-hat-die-beste-Zeit-hinter-sich.html (Stand: 29.10.2015)

49. Wild Beim Wild: Warum Japan praktisch keine Waffenkriminalität hat. Unter:
https://wildbeimwild.com/2017/10/05/warum-japan-praktisch-keine-waffenkriminalitaet-hat/
(Stand: 05.10.2017)

50. World Bank Group: GDP growth (annual %). Unter:
https://data.worldbank.org/indicator/NY.GDP.MKTP.KD.ZG?end=2017&locations=JP&start=
1961&view=chart (Stand: 2017)

51. Yamanaka, Keiichi: Geschichte und Gegenwart der japanischen
Strafrechtswissenschaft. Unter:
https://books.google.de/books?id=N_4O0plkpp4C&pg=PA393&lpg=PA393&dq=Boryokudan
+gesetze+%C3%BCbersetzung&source=bl&ots=jLye-
i6sMR&sig=gH6HAppDFnZQu1uaYrvExKgJheM&hl=de&sa=X&ved=2ahUKEwi4yYL-
2uXcAhUPLewKHf9DB_QQ6AEwBnoECAQQAQ#v=onepage&q=Boryokudan%20gesetze
%20%C3%BCbersetzung&f=false (Stand: 2012)

6.2. Abbildungsverzeichnis

Abbildung 1.

https://upload.wikimedia.org/wikipedia/commons/1/1f/Hierarchie_yakuza.JPG

Abbildung 2.

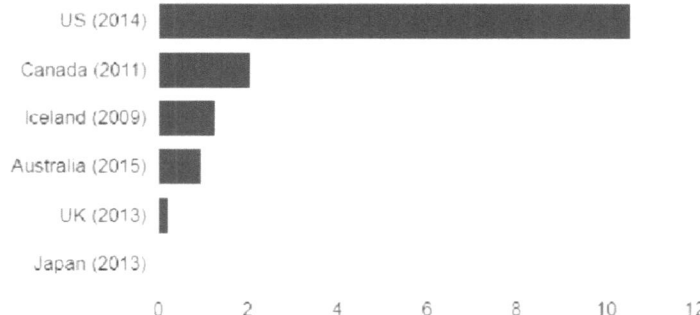

Anzahl an Waffenbesitzern im Jahr 2007

https://wildbeimwild.com/2017/10/05/warum-japan-praktisch-keine-waffenkriminalitaet-hat/